Tras los pasos de los...

ÁRABES
Y EL ISLAM

D1739134

*A Teym, mi «último pequeño», así
como a todos sus amigos de La Frette
y del colegio Camille Claudel
de Montigny*

BLUME

Título original:
Sur les traces des... Arabes et de l'islam

Traducción:
Jorge González Batlle
Cristina Rodríguez Castillo

Coordinación de la edición en lengua española:
Cristina Rodríguez Fischer

Primera edición en lengua española 2006

© 2006 Art Blume, S.L.
Av. Mare de Déu de Lorda, 20
08034 Barcelona
Tel. 93 205 40 00 - Fax 93 205 14 41
E-mail: info@blume.net
© 2004 Éditions Gallimard Jeunesse, París

I.S.B.N.: 84-9801-112-4
Depósito legal: B. 6.979-2006
Impreso en Filabo, S.A., Sant Joan Despí (Barcelona)

CONSULTE EL CATÁLOGO DE PUBLICACIONES *ON-LINE*
INTERNET: HTTP://WWW.BLUME.NET

Tras los pasos de los...

ÁRABES
Y EL ISLAM

Youssef Seddik | Olivier Tallec

BLUME

Tras los pasos de los...
ÁRABES
Y EL ISLAM

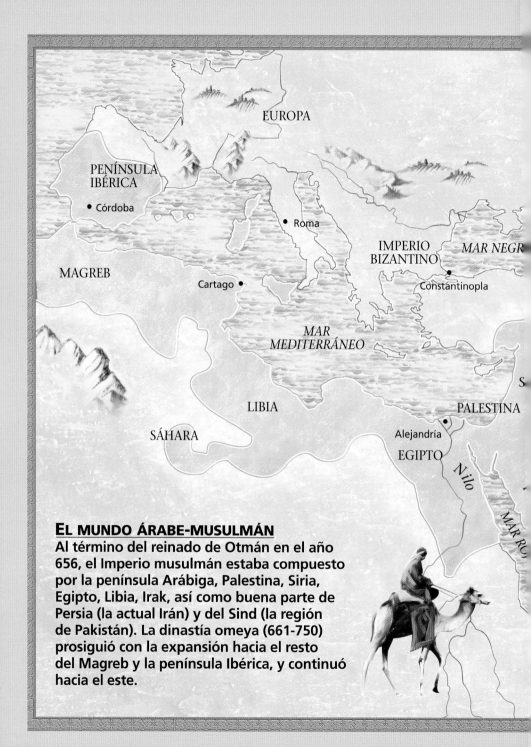

EUROPA

PENÍNSULA
IBÉRICA

• Córdoba

• Roma

IMPERIO
BIZANTINO

MAR NEGR

MAGREB

Cartago •

Constantinopla

*MAR
MEDITERRÁNEO*

S

LIBIA

PALESTINA

SÁHARA

Alejandría

EGIPTO

Nilo

MAR RO

EL MUNDO ÁRABE-MUSULMÁN

Al término del reinado de Otmán en el año
656, el Imperio musulmán estaba compuesto
por la península Arábiga, Palestina, Siria,
Egipto, Libia, Irak, así como buena parte de
Persia (la actual Irán) y del Sind (la región
de Pakistán). La dinastía omeya (661-750)
prosiguió con la expansión hacia el resto
del Magreb y la península Ibérica, y continuó
hacia el este.